PROJET

D'ÉTABLISSEMENT

D'UN NOUVEAU THÉATRE

QUI SERAIT CONNU SOUS LE NOM DE

SALLE DES LECTURES DRAMATIQUES;

ADRESSÉ AU GOUVERNEMENT.

1819.

SE TROUVE A PARIS :

Chez DONDEY-DUPRÉ, Imprimeur-Libraire, rue St.-Louis, n°. 46, au Marais, et rue Neuve St.-Marc, n°. 10;

Chez VENTE, Libraire, Boulevard Italien, n°. 7;

Et chez les Libraires du péristyle du Théâtre Français et du passage Feydeau.

PRIX, 50 cent.

PROJET

D'ÉTABLISSEMENT D'UN NOUVEAU THÉATRE

QUI SERAIT CONNU SOUS LE NOM DE

SALLE DES LECTURES DRAMATIQUES;

ADRESSÉ AU GOUVERNEMENT,

PAR M^r. D... D...

Periculum in mora.

VAINEMENT et depuis trop long-temps, la voix des auteurs dramatiques signale le despotisme des comédiens envers eux, c'est-à-dire envers ceux qui les enrichissent, qui préparent leur gloire, et sans lesquels, en un mot, ils ne seraient rien[1]. N'y aura-t-il donc que dans ces pitoyables répu-

---

[1] On lit dans un ouvrage intitulé : NOUVEAUX AMUSEMENS DU CŒUR ET DE L'ESPRIT, *Amsterdam*, 1741, *in-12, page* 385 *du* 1er. *tome*, cette sortie assez remarquable : « S'il y avait à Paris deux Théâtres
» Français, de pareilles licences ne s'introduiraient pas : l'émulation
» ranimant les forces des différens auteurs, ils se piqueraient à l'envi
» de tendre à la perfection pour l'emporter sur leurs concurrens, et non
» d'attirer simplement le public, en excitant sa curiosité par toutes sortes
» de saillies singulières. L'empire du Parnasse théâtral ne serait plus

bliques où les droits des citoyens seront toujours méconnus, leurs libertés comprimées?

Dans le nombre des auteurs, à la merci du Sénat Comique, il en est qui ont chacun plusieurs tragédies ou comédies reçues à nos grands théâtres, mais qui, ennemis de l'intrigue ou sans protection, ne peuvent espérer qu'elles soient jouées, au moins de leur vivant, quelques jeunes qu'ils soient [2] !

Le Second Théâtre Français, institué en partie pour remédier à cet abus, donnera-t-il ce résultat Nous n'hésitons pas à le dire, non : ou ce serait si faiblement que cela ne vaut pas la peine de s'arrêter dans les moyens de chercher un remède plus efficace. Et en effet, en supposant que ce théâtre

---

» accordé à ceux qui, loin de s'attacher uniquement à faire de bonnes
» pièces, s'attachent plutôt à faire bassement leur cour à ces acteurs or-
» gueilleux à qui ils veulent devoir tout leur succès ; à ces princes de la
» scène qui ne savent que trop faire échouer les meilleures pièces, ou
» trouvent le moyen de ne pas les jouer, si elles ne sortent pas de la
» plume de ceux qu'ils *honorent de leur illustre protection*, et auxquels
» seuls ils ont accordé le privilége d'avoir de l'esprit et d'être les sou-
» tiens d'une république dont ils se sont rendus maîtres despotiques ».

[2] On cite un Mr F........, fils du banquier, qui aurait jusqu'à dix tragédies reçues ! — Concluons. La mode, qui exerce son tyrannique empire sur les productions de l'esprit comme sur celles du caprice, n'en exempte donc point les ouvrages dramatiques (à quelques exceptions près qui sont les priviléges de génies rares) ? C'est ainsi que des pièces de moins de vingt années, quoique bien accueillies dans leur temps, ne pourraient aujourd'hui soutenir l'épreuve du théâtre. Où serait l'espoir de Mr F........ et de ses compagnons d'infortune, si des moyens de le relever ne venaient à leur secours ?

représentât une *nouveauté* chaque mois (ce qui est assurément tout ce qu'on peut en exiger); que seraient douze ouvrages sur plusieurs centaines qu'on sait être arriérés, et lorsque l'espoir d'être *joués*, né de l'établissement du second théâtre, excite déjà nos jeunes auteurs à rechercher des palmes qu'ils négligeaient, dans la crainte de ne jamais obtenir ce but naturel de leurs efforts [3] ?

---

[3] Parmi les auteurs vivans du second ordre, c'est-à-dire ceux qui travaillent pour les théâtres secondaires, il en est plus d'un qui courtiseraient Melpomène et Thalie dans leurs véritables temples, s'ils avaient l'espoir d'être accueillis par ceux qui les desservent, et surtout si ceux-ci voulaient faire de plus grands efforts en l'honneur des divinités qui les nourrissent. Il est donc manifeste que l'art est arrêté dans sa course. Peut-être suffirait-il de donner la nouvelle impulsion que nous proposons, pour voir cet art briller d'un éclat inconnu jusqu'à présent ! S'il est vrai que la littérature dramatique distingue spécialement notre nation ; si l'histoire d'un théâtre, comme l'a dit ingénieusement un de nos bons écrivains (Mr E......, *discours de réception à l'Institut*), peut devenir l'histoire morale d'un peuple, pour la postérité, ne doit-on pas favoriser, par tous les moyens possibles, l'art des Sophocle et des Térence, par qui la Grèce et l'Italie anciennes se sont tant illustrées ?

Ajoutons cette autre réflexion tirée de l'ouvrage déjà cité, *Amusemens du cœur et de l'esprit, page* 387, et qu'on croirait faite exprès pour le temps qui court. « Peut-être que ceux qu'on regarde comme les
» Pradons du siècle, deviendraient des Racine, s'ils avaient une pareille
» émulation ; s'ils n'étaient pas obligés de renoncer au théâtre, ou d'être
» toujours exposés aux caprices des mêmes comédiens ; s'ils avaient l'es-
» poir de combattre en même temps et à armes égales contre ceux qu'on
» leur préfère, et enfin si la difficulté de faire jouer leurs pièces ne
» passait pas celle de les composer. C'est là un abus qui entraînera la chute
» déjà très-avancée de ce beau genre de poésie, par qui la France a sur-
» passé Rome et Athènes, et c'est cet abus qui mériterait toute l'attention
» et tous les soins possibles de la part de ceux qui peuvent y remédier ».

Par toutes ces considérations, l'auteur de ce Projet⁴, persuadé que de son adoption résulteront des avantages importans pour l'art dramatique et ceux qui le cultivent, s'est cru autorisé à le publier, quelqu'imparfait qu'il soit, et à le soumettre aux autorités qu'il concerne. Pour faciliter l'intelligence de son plan, il demande la liberté d'en expliquer les bases principales, dans les termes usités par le gouvernement, sauf à ce dernier, s'il l'adoptait, à faire subir à ce plan tous les changemens et modifications dont il est bien certainement susceptible.

PROJET D'ORDONNANCE DU ROI⁵.

Louis, etc.

Sur les représentations qui nous ont été faites, que l'établissement du Second Théâtre Français devait non seulement relever les espérances des auteurs dramatiques actuels, mais en faire éclorre de nouveaux; et désirant, autant qu'il est en

---

⁴ On croit qu'une idée à-peu-près semblable aurait été mise au jour il y a environ quarante ans. Rien de si possible que de se rencontrer sur un point que la nécessité semble avoir indiqué depuis long-temps.

⁵ Ce mode, qui facilite le développement d'un plan de cette nature, sera souvent blessé dans sa forme, et l'on y reconnaîtra un mélange de réglemens et de statuts appartenant à différentes autorités, qui offrira sans doute une sorte de bigarrure; mais l'auteur, n'ayant cherché qu'à se faire comprendre, réclame l'indulgence pour qu'en cette circonstance *la forme n'emporte pas le fonds.*

nous, favoriser une branche de littérature dont la France tire un si grand éclat; considérant que le nombre des ouvrages croissant en raison de ces espérances, il en résulterait au moins les mêmes retards de publicité théâtrale que par le passé; à quoi voulant pourvoir, nous avons ordonné et ordonnons ce qui suit :

ARTICLE PREMIER.

A compter du 1er. janvier 1820, il sera ouvert un théâtre qui s'intitulera SALLE DES LECTURES DRAMATIQUES[6].

ARTICLE II.

Ce Théâtre sera consacré, ainsi que son titre l'annonce, aux *lectures* des ouvrages que leurs auteurs voudront préalablement soumettre au jugement du public, sans préjudice de la représentation à laquelle elles pourront donner lieu, et dont, au contraire, elles accéléreront le moment, ainsi qu'il sera dit ci-après.

Les *lectures* auront lieu environ trois fois par semaine, plus ou moins, suivant que la nécessité en sera reconnue.

---

[6] La salle de Louvois paraîtrait convenir, étant libre trois fois par semaine. On pourrait, à son défaut, employer celle de Favart, aujourd'hui vacante. Un grand foyer, comme quelques-uns pourraient le croire, ne serait pas suffisant; persuadé que nous sommes de l'affluence que doit attirer ce spectacle aussi intéressant que nouveau. D'ailleurs, le bruit des voitures s'opposerait au calme absolument nécessaire.

ARTICLE III.

La salle sera disposée de manière à être éclairée par le jour 7, et les *lectures* se feront de deux à quatre heures 8.

ARTICLE IV.

Un Jury dramatique sera institué pour prononcer sur les *lectures*.

Ce Jury sera composé ainsi qu'il suit :
Membres de l'académie française.............. 12
Hommes de lettres non académiciens.......... 8
Comédiens 9 de nos trois grands Théâtres

---

7 Les moyens à employer pour y faire pénétrer le jour, ne nous paraissent pas devoir être dispendieux, à raison de l'économie qu'ils procureraient.

8 Cet instant paraît favorable sous plus d'un rapport. Il exclut la concurrence ; il est à la convenance des gens de lettres, des riches et des oisifs de la capitale, et d'une autre part peu commode pour une certaine classe naturellement turbulente. Enfin nous pensons qu'on juge toujours plus froidement, plus sainement avant qu'après le dîner.

9 On convient généralement qu'un comédien intelligent, quand même il ne serait pas lettré, peut être un fort bon juge. S'il n'est pas toujours compétent pour décider du style, il appréciera souvent mieux que tel grand littérateur les combinaisons des plans, et surtout ce comique de situation, qui n'est pas le moins désirable dans les compositions dramatiques. En un mot il aura l'avantage que donne la pratique sur celui qui n'est que théoricien. Aussi peut-on remarquer que les comédiens qui ont écrit pour le théâtre, ont eu presque tous des succès, et qu'ils les ont dus moins au style (à peu d'exceptions près) qu'à la conception de l'intrigue, et surtout à l'art de produire des effets. Molière, d'Ancourt, La Noue, R. Poisson, Monvel, l'auteur de *Guerre Ouverte* (imbroglio qui obtint un succès prodigieux, et qu'on ne peut pas lire), celui des *Grandes*

(hommes seulement) [10]; savoir : les deux
Théâtres Français et l'Opéra-Comique [11].. 15

Total du nombre des Membres........ 35

Les Jurés dramatiques seront désignés par MM. les premiers gentilshommes de notre chambre, réunis à notre ministre de l'intérieur [12].

Dans leurs séances ils seront présidés par notre sieur intendant général des Menus-Plaisirs, en son absence par le doyen d'âge de MM. les Jurés académiciens et gens de lettres non académiciens.

Les fonctions des Jurés dramatiques seront gra-

Marionnettes, et celui d'*Édouard en Écosse* suffisent peut-être pour justifier cette observation. Il faut en conclure qu'un jury dramatique serait imparfait si des comédiens n'en faisaient partie ; et, par la même raison, qu'il y aurait grand danger s'il n'était composé que de comédiens, ainsi qu'il l'est aujourd'hui.

[10] Quel que soit l'hommage que nous rendions à la judiciaire des dames, et à ce tact fin qu'elles possèdent peut-être à un plus haut degré que nous, surtout dans les arts d'agrément, nous pensons qu'elles ne doivent point être admises dans le Jury, par plusieurs raisons, et entre autres, à cause de l'adjonction à des gens de lettres dont le sujet de la séance réclamera toute l'attention, et qui pourraient être distraits par un voisinage trop agréable.

[11] On examinerait s'il convient d'y comprendre MM. les comédiens de l'Académie Royale de Musique, et si les poèmes d'opéra, déjà soumis à l'examen d'un Jury particulier, ne seraient pas renvoyés devant le *Jury dramatique*.

[12] *Ou* au ministre de notre maison. L'auteur déclare connaître fort peu la hiérarchie des attributions en cette matière.

tuites. Néanmoins ils recevront, pour droit de présence, une médaille (ou jeton) de la valeur intrinsèque de cinq francs.

Le sujet de cette médaille, et ses légendes, sont laissés au choix du Jury [13].

Outre ce droit de présence, regardé comme purement honorifique, il sera alloué aux Jurés une juste indemnité pour leurs frais de voiture.

Les dépenses occasionnées par ces dispositions, feront partie de celles de l'établissement théâtral.

Notre ministre de l'intérieur mettra à la disposition du Jury un local convenable pour la tenue de ses séances, sans préjudice de celui qu'il devra avoir au Théâtre même, pour y consigner ses délibérations résultantes des *lectures* publiques, ainsi qu'il sera dit article XVI ci-après.

Pendant ces *lectures*, MM. les Jurés, dont le nombre des membres présens ne pourra être moindre de sept, parmi lesquels seront trois comédiens; ni excéder celui de quinze, dont six

---

[13] S'il était permis à l'auteur d'exprimer à cet égard ses idées, voici ce qu'il proposerait :

Sur un des revers de la médaille et au milieu on lirait :
JURY DRAMATIQUE, M. DCCC. XX.
Et pour légende : *Ludovicus XVIII. — Ludis scenicis.*

L'autre revers offrirait le temple des Muses. Sur le fronton apparaîtrait l'effigie du Roi, soutenue par deux Renommées. Et dans l'exergue :

Hoc duce splendidius Musarum templa resurgunt.

comédiens, siégeront dans une enceinte particulière à ce destinée et placée à l'endroit le plus apparent de la salle.

Le surplus des réglemens du Jury et de sa police intérieure, sera tout entier à sa disposition.

ARTICLE VI.

Tout auteur qui voudra soumettre son ouvrage à la *lecture* théâtrale, sera tenu d'en adresser préalablement le manuscrit au secrétaire général du Jury dramatique qui, dans ses séances particulieres, ou autrement, décidera s'il est digne de cet honneur. En cas de négative, le bureau dressera un procès-verbal de refus motivé, qui sera signé de trois membres au moins, dont un comédien, et contresigné du secrétaire, puis renvoyé à l'auteur avec son manuscrit, s'il s'est fait connaître; s'il garde l'anonyme, la remise sera faite à la personne qui viendra de sa part, avec une lettre rappelant une devise qui aura dû être apposée au manuscrit, comme signe de reconnaissance.

Si le Jury approuve la *lecture*, il en donnera de même communication à l'auteur, en lui indiquant l'époque vers laquelle cette *lecture* pourra avoir lieu, ce qui se fera par le moyen d'un numero d'enregistrement, qu'aucun *tour de faveur* ne pourra intervertir.

Tous les ouvrages actuellement reçus à nos

trois grands théâtres et non représentés, pourront être soumis à l'épreuve de la *lecture*, du consentement de leurs auteurs.

ARTICLE VII.

Le Théâtre des *lectures* sera administré par un Agent général, auquel il sera adjoint un régisseur.

Les fonctions de l'Agent général, seront 1°. de gérer et surveiller le matériel de l'établissement; 2°. de recevoir les manuscrits dont le Jury aura approuvé la *lecture* ; de les enregistrer, de les faire copier en rôles séparés, dans un caractère de ronde, et d'une grosseur convenable; puis de les faire passer au Directeur de notre École de musique et de déclamation; 3°. de veiller à la préparation de la salle ; 4°. enfin de présider aux *lectures*.

Les fonctions de régisseur sont suffisamment désignées par son titre.

ARTICLE VIII.

Les rôles seront confiés, par notre Directeur de l'École de musique et de déclamation, aux élèves qui se destineront aux Théâtres, ou même qui ne s'y destineraient pas, s'ils y consentent [14]. Le choix

---

[14] Au défaut de ces jeunes-gens, auxquels d'ailleurs cet emploi paraît merveilleusement convenir, on conçoit combien il serait facile de les suppléer soit par des amateurs qui, se destinant au Théâtre, feraient ainsi leurs premières armes, soit par les acteurs-pensionnaires des grands Théâtres, auxquels cet exercice serait fructueux, sous plus d'un rapport.

des rôles sera confié à ce Directeur. Tout élève qui aura accepté un rôle, sera tenu de l'étudier suffisamment, pour n'avoir besoin que de jeter les yeux sur lui, et lire sans nuire à l'agrément du débit.

La veille d'une *lecture* publique, les lecteurs procéderont à une répétition au théâtre, laquelle pourra avoir lieu sous les yeux de l'auteur qui y sera invité, et se fera sous la direction du régisseur.

ARTICLE IX.

Les *lectures* seront annoncées, ainsi que les titres des ouvrages, par des affiches à l'instar des spectacles. Le public y sera admis en payant, comme dans les autres théâtres. Les lecteurs agiront comme si c'était une représentation théâtrale, avec la seule différence que les acteurs auront le rôle à la main. En conséquence, les décors rigoureusement nécessaires (car il n'en sera fait aucun de spécial), et de même les costumes à-peu-près convenables, seront préparés et livrés aux lecteurs.

ARTICLE X.

Pour l'exécution de l'article précédent, le Théâtre des *lectures* sera pourvu des décorations de rigueur et des accessoires les plus usités, ainsi que d'un magasin d'habits simples et propres et il sera attaché à ce service, le nombre d'employés, d'ouvriers et même de comparses, strictement nécessaire, sans que l'économie néanmoins puisse nuire aux égards dus aux auteurs comme aux spectateurs.

ARTICLE XI.

Les ouvrages présentés pour être mis en lecture, ne pourront être destinés que pour les deux Théâtres-Français, ou l'Opéra-Comique.

ARTICLE XII.

Les poèmes en cinq actes occuperont toujours seuls une séance. Il pourra en être de même pour ceux en trois actes; mais quand leur étendue le permettra, on y joindra un ouvrage en un acte : ce qui pourra avoir lieu surtout, lorsqu'il s'agira d'Opéra-Comiques dont les vers, destinés à être chantés, seront seulement récités, et conséquemment rendront la lecture plus courte.

ARTICLE XIII.

Il sera avisé aux moyens de faire les fonds nécessaires aux dépenses préliminaires de l'établissement [15]. lesquelles devront être payées ou remboursées par lui.

---

[15] L'heure de ce spectacle aussi intéressant que nouveau, et qui le soustraira à toute concurrence ; un prix des places bien raisonné et bien raisonnable, la modicité des frais, l'ordre et l'économie apportés dans les dépenses, ne laissent aucun doute sur les bénéfices qui en résulteront. On serait bien certain, en tout cas, de trouver des fermiers qui l'assureraient, sous bonne caution, et l'auteur de ce projet s'en porte garant.

ARTICLE XIV.

Les recettes, constatées par les moyens les plus réguliers, seront versées entre les mains d'un caissier général, qui fournira un cautionnement suffisant, et dont les comptes seront vérifiés et débattus par qui de droit. Les dépenses seront réglées et soldées tous les 5 de chaque mois, et le caissier tenu de verser l'excédent des recettes à la caisse générale des hospices, tous les trimestres, sous la réserve d'une somme de...... destinée à pourvoir aux dépenses, et qui sera déterminée ultérieurement.

ARTICLE XV.

Les *lectures* publiques auront lieu, quant au maintien de l'ordre intérieur dans la salle, sous l'inspection de commissaires nommés *ad hoc;* la plus grande décence devra y présider, et aucun signe bruyant d'approbation ou d'improbation ne pourra y être manifesté [16].

---

[16] On pensera sans doute qu'il sera difficile d'obtenir cette clause d'un public exigeant à juste titre, et naturellement enclin à se faire justice soi-même, en matière de délits dramatiques ; mais aussi, et par contre-poids, tout prêt à témoigner sa reconnaissance des plaisirs qu'on lui procure. On se fondera sur ce que les lieux les plus augustes, tels que les temples religieux, la chambre des députés, les tribunaux ont quelquefois retenti d'applaudissemens, que le respect dû à ces lieux et les réglemens interdisaient. Nous répondrons : quand ce signe flatteur éclaterait malgré les réglemens, quel mal en résulterait-il ? Il n'en serait

ARTICLE XVI.

Aussitôt après une *lecture* publique, le Jury s'assemblera dans sa salle des délibérations, et prononcera son opinion qui sera consignée sur un registre, et dont un extrait en forme sera remis à l'auteur seulement.

Le Jury pourra statuer dans la même séance, s'il y a lieu à une seconde *lecture*, et successivement à plusieurs autres, à moins que l'auteur ne fasse connaître qu'il ne veut être *lu* qu'une seule fois [17].

En cas d'une seconde *lecture*, et d'une subséquente, la présence du Jury ne sera pas nécessaire, à moins qu'il n'ait déclaré, après la pre-

---

pas de même, sans doute, du signe improbateur. Mais il est plus facile de le modérer. On serait d'ailleurs prévenu, par l'affiche,

Que ce n'est pas un droit qu'on achète en entrant ;

et peut-être accoutumerait-on les spectateurs à punir d'un silence intelligible, les auteurs assez malheureux pour leur avoir déplu !

[17] Il est des succès d'estime qui ne donnent lieu qu'à quelques représentations honorées de peu d'applaudissemens. Les pièces qui les obtiennent n'en sont pas moins prisées ce qu'elles valent, par les vrais connaisseurs. Telle serait une nouvelle *Mélanie*. Dans ce cas, les auteurs qui voudraient juger sainement de l'effet de leurs ouvrages, toujours mal appréciés dans les coteries de salons, pourraient préférer *plusieurs lectures* aux dangers plus sérieux d'une représentation en forme ; après quoi, si l'épreuve était favorable, ils feraient imprimer; et ces ouvrages, estimés et connus, iraient grossir les collections d'amateurs ; tandis que, dans l'état présent, une foule d'ouvrages restent ensevelis dans le portefeuille des auteurs ou dans les cartons *comiques*, pour ne jamais voir le jour.

mière *lecture*, qu'il remettait à une suivante le prononcé de son jugement.

Toutes les fois qu'on *lira* un ouvrage d'un des membres du Jury, l'auteur devra s'abstenir d'en faire partie.

ARTICLE XVII.

Les lecteurs recevront une indemnité connue sous le nom de FEUX, et dont la valeur sera ultérieurement fixée. Ils ne seront liés par aucun engagement ; mais sitôt qu'ils auront reçu un rôle, sans le renvoyer dans les vingt-quatre heures, et en motivant leur refus, ils seront tenus à la *lecture*, sous des peines qui seront déterminées et dont ils auront eu connaissance ; des réglemens particuliers seront en conséquence dressés à cet effet.

ARTICLE XVIII.

Il sera examiné si le Jury ne sera pas investi du droit de désigner particulièrement les ouvrages que MM. les Comédiens seront tenus de représenter, en suivant un ordre de réception, et ce sous l'agrément des Autorités protectrices nées du Jury.

CONCLUSION.

Nous ne faisons point de doute que le Projet que nous venons de développer, n'ait un but d'utilité qui sera senti, surtout lorsque les élémens soumis ici à la sagesse du gouvernement, seront combinés de manière à concilier tous les intérêts, même ceux de MM. les Comédiens, qui négligent trop les leurs en cette partie. Ces intérêts souffrent surtout de leurs guerres intestines, qui ne s'assoupissent un instant que pour se rallumer de nouveau, et dans lesquelles les vainqueurs comme les vaincus sont également victimes, sans préjudice du tort qui en résulte pour l'art et pour les amateurs.

Imprimerie de DONDEY-DUPRÉ, rue St.-Louis, N°. 46, au Marais, et rue Neuve St.-Marc, N°. 10.

www.ingramcontent.com/pod-product-compliance
Lightning Source LLC
Chambersburg PA
CBHW061614040426
42450CB00010B/2479